BEI GRIN MACHT SICH IHR WISSEN BEZAHLT

- Wir veröffentlichen Ihre Hausarbeit, Bachelor- und Masterarbeit

- Ihr eigenes eBook und Buch - weltweit in allen wichtigen Shops

- Verdienen Sie an jedem Verkauf

Jetzt bei www.GRIN.com hochladen und kostenlos publizieren

Trainingsplanung für Beweglichkeit und Koordination. Ansätze zur Verletzungsprävention durch Dehnen

Bibliografische Information der Deutschen Nationalbibliothek:

Die Deutsche Nationalbibliothek verzeichnet diese Publikation in der Deutschen Nationalbibliografie; detaillierte bibliografische Daten sind im Internet über http://dnb.d-nb.de abrufbar.

ISBN: 9783389089170
Dieses Buch ist auch als E-Book erhältlich.

© GRIN Publishing GmbH
Trappentreustraße 1
80339 München

Alle Rechte vorbehalten

Druck und Bindung: Books on Demand GmbH, Norderstedt Germany
Gedruckt auf säurefreiem Papier aus verantwortungsvollen Quellen

Das vorliegende Werk wurde sorgfältig erarbeitet. Dennoch übernehmen Autoren und Verlag für die Richtigkeit von Angaben, Hinweisen, Links und Ratschlägen sowie eventuelle Druckfehler keine Haftung.

Das Buch bei GRIN: https://www.grin.com/document/1518004

Deutsche Hochschule für
Prävention und Gesundheitsmanagement
Hermann-Neuberger-Sportschule 3
66123 Saarbrücken

Hausarbeit

Studiengang	BFÖ
Studienmodul	Trainingslehre 3
Datum Präsenzphase (siehe Ergebnisdokumentation)	06.02.2023-08.02.2023
Aufgabe	Trainingsplanung für ein Beweglichkeits- und Koordinationstraining

Inhaltsverzeichnis

1 PERSONENDATEN 2

2 TRAININGSPLANUNG BEWEGLICHKEITSTRAINING 4

   2.1   Ausführung der Dehnübungen 5

      2.1.1   Nacken..5

      2.1.2   Schulter..5

      2.1.3   Brust...6

      2.1.4   Brust, Bauch, Rücken..6

      2.1.5   Oberschenkelrückseite 6

      2.1.6   Oberschenkelvorderseite...7

      2.1.7   Adduktoren..7

      2.1.8   Abduktoren..7

      2.1.9   Gesäß..7

      2.1.10   Waden 8

   2.2   Belastungsgefüge Beweglichkeitstraining..8

   2.3   Begründung zur Trainingsplanung für das Beweglichkeitstraining.............................9

3 TRAININGSPLANUNG KOORDINATIONSTRAINING 10

   3.1   Übungsauswahl Koordinationstraining..10

   3.2   Belastungsgefüge Koordinationstraining...12

   3.3   Begründung zur Trainingsplanung für das Koordinationstraining 13

4 LITERATURRECHERCHE..14

5 LITERATURVERZEICHNIS 16

6 TABELLENVERZEICHNIS 17

1 Personendaten

Mittels eines Eingangsgespräches werden allgemeine Daten einer Person gesammelt und in der Tabelle 1 aufgelistet. Dadurch können der Gesundheitszustand sowie die aktuelle Leistungsfähigkeit optimal beurteilt und anschließend in der Trainingssteuerung berücksichtigt werden.

Tab. 1: Personendaten

Angaben zur Person	Werte der Person
Alter	25 Jahre
Geschlecht	weiblich
Körpergröße	1,70 m
Körpergewicht	65 kg
Berufliche Tätigkeit	Gärtnerin (40 Stunden in der Woche)
Trainingsmotive	1. Verbesserung des allgemeinen Gleichgewichtssinns 2. Verbesserung der allgemeinen Beweglichkeit 3. Verbesserung der Ökonomisierung der Bewegungen
Frühere sportliche Aktivitäten	Leichtes Fahrrad fahren 3-mal wöchentlich à 30 Minuten im Alter von 14 bis 19 Jahren
Aktuelle sportliche Aktivitäten	Amateurfußball 3-mal wöchentlich à 90 Minuten seit 6 Jahren Intensives Krafttraining 2-mal Wöchentlich à 45 Minuten seit 2 Jahren
Zeitlicher Verfügungsrahmen	3–4-mal wöchentlich à 60 Minuten
Orthopädische Beschwerden	Keine
Internistische Beschwerden	Keine
Ärztliche Behandlungen	Keine
Medikamente	Keine

Die Probandin weist keine gesundheitlichen Beschwerden auf. Die aktuellen sportlichen Aktivitäten lassen auf einen überdurchschnittlichen Fitnesszustand schließen, weshalb man die Probandin als sportlich aktiv benennen kann. Da die Probandin in ihrem Beruf stetig unter wechselnden Bedingungen der konditionellen und koordinativen Fähigkeiten ausgesetzt ist und im Rahmen des Fußball- sowie Krafttrainings verschiedenste Dehn- und Gleichgewichtsübungen ausführt, lässt sich ihre Beweglichkeit sowie die Gleichgewichtsfähigkeit als gut ausgeprägt beurteilen. Demnach gehen keine Einschränkungen für die folgende Trainingsplanung hervor.

2 Trainingsplanung Beweglichkeitstraining

Die Tabelle 2 führt eine Trainingsplanung für das Beweglichkeitstraining im Sinne eines Dehntrainings für die Probandin auf.

Tab. 2: Übungsauswahl und Dehnmethoden Beweglichkeitstraining

Anzahl	Übungsauswahl	Dehnmethode	Zielmuskulatur
1.	Nacken	Passiv, statisch	M. trapezius
2.	Schulter	Aktiv, statisch	M. rhomboideus major
			M. teres minor
			M. deltoideus pars spinalis
			M. latissimus dorsi
			M. infraspinatus
3.	Brust	Aktiv, dynamisch	M. pectoralis major
			M. biceps brachii
			M. deltoideus pars clavicularis
4.	Brust, Bauch, Rücken	Passiv, statisch	M. rectus abdominis
			M. obliquus externus abd.
			M. obliquus internus abd.
			M. latissimus dorsi
			M. erecor spinae
			M. pectoralis major
			M. pectoralis minor
5.	Oberschenkelrückseite	Passiv, statisch	M. semitendinosus

			M. semimembranosus
			M. gluteus maximus
			M. biceps femoris
6.	Oberschenkelvorderseite	postisometrisch	M. sartorius
			M. quadriceps femoris
7.	Adduktoren	Passiv, dynamisch	M. pectineus
			M. gracilis
			M. adductor longus
			M. adductor brevis
			M. adductor magnus
			M. semimembranosus
8.	Abduktoren	Passiv, statisch	M. gluteus minimus
			M. tensor fasciae latae
			M. gluteus medius
9.	Gesäß	Passiv, statisch	M. piriformis
			M. gluteus maximus
10.	Waden	Passiv, dynamisch	M. soleus
			M. gastrocnemius

2.1 Ausführung der Dehnübungen

2.1.1 Nacken

Die Probandin steht in einem stabilen Stand und mit aufrechter Oberkörperhaltung. Sie legt die rechte Hand auf ihren Hinterkopf, während der linke Arm nach unten hängt. Durch einen sanften Zug nach rechts mit der rechten Hand und einer gleichzeitigen Senkung des linken Schultergürtels, wird die Dehnung erzeugt. Nach 30 Sekunden statischem Halten, wird die Seite gewechselt. Es werden 3 Sätze pro Seite mit 15 Sekunden Pause dazwischen werden durchgeführt.

2.1.2 Schulter

Stehend im stabilen Stand und mit aufrechter Haltung des Oberkörpers wird der rechte Arm der Probandin leicht gebeugt und auf Brusthöhe soweit wie möglich nach links geführt. Durch die Kontraktion der antagonistischen wirkenden Muskeln erfolgt eine Dehnung im hinteren Schulterbereich erfolgt. Für 45 Sekunden wird diese aktiv-statische Position gehalten. Die Seiten werden nach einer Pause von 15 Sekunden gewechselt.

2.1.3 Brust

Im Stabilen Stand wird der rechte und der linke Arm leicht gebeugt von der Mittellinie des Körpers nach außen auf Schulterhöhe bewegt. Die Daumen werden nach oben gerichtet. Durch die Kontraktion von Rücken und hinterer Schulter entsteht die aktiv-dynamische Dehnung. Für 45 Sekunden wird die Position wechselseitig eingehalten und wieder gelöst.

2.1.4 Brust, Bauch, Rücken

Die Ausgangsposition ist der stabile, hüftbreite Stand mit geradem Rücken. Die Knie sind leicht gebeugt und das rechte Bein wird hinter das linke Bein gesetzt. Die Arme werden nach oben gestreckt. Die Hände berühren sich. Anschließend neigt sich die Probandin mit ihrem Oberkörper langsam zur rechten Seite, wodurch die Dehnung entsteht. Nach 30 Sekunden statischem Halten, wird die Seite gewechselt. Es werden 3 Sätze pro Seite mit 15 Sekunden Pause dazwischen werden durchgeführt.

2.1.5 Oberschenkelrückseite

Die Testperson befindet sich in Rücklage auf dem Boden und ihre Beine sind ausgestreckt. Während das linke Bein in seiner Stellung bleibt, wird das rechte Bein mit den Händen in Richtung Brust herangezogen, wodurch die passiv-statische Dehnung entsteht. Die Position wird für 30 Sekunden gehalten und anschließend werden die Seiten gewechselt. Mit 15 Sekunden Pause zwischen den Sätzen, werden drei Serien durchgeführt.

2.1.6 Oberschenkelvorderseite

Die Probandin liegt auf dem Bauch und die rechte Hand greift nach dem rechten Fuß. Das linke Bein bleibt in seiner Position. Während Hüfte, Knie und Schultern am Boden bleiben, wird nach dem gegriffenen Fuß ein leichter Zug ausgeübt. Die Spannung der Oberschenkelmuskulatur wird für 7 Sekunden gehalten und anschließend für 2-3 Sekunden entspannt. Danach wird die Muskulatur passiv-statisch für 20 Sekunden gedehnt. Zwischen den drei Sätzen werden 20 Sekunden Pause eingehalten.

2.1.7 Adduktoren

Im aufrechten Sitzen werden beide Fußsohlen aneinandergedrückt. Die Knie werden mit Hilfe der Hände nun durch weiche und rhythmische Bewegungen leicht nach unten gezogen und wieder gelöst. Die Dehnung wird nach 45 Sekunden gelöst. Mit 15 Sekunden Pause zwischen den Sätzen, werden drei Serien durchgeführt.

2.1.8 Abduktoren

Die Testperson liegt in Rückenlage auf dem Boden und die Beine sind ausgestreckt. Nun wird das rechte Bein zum Körper herangezogen und anschließend über den Körper soweit wie möglich nach links geführt. Währenddessen haben die Schultern jederzeit Kontakt zum Boden. Die passiv-statische Dehnung wird pro Seite der Mal absolviert mit je 15 Sekunden Pause.

2.1.9 Gesäß

Für die Übung legt sich die Probandin auf den Boden mit ausgestreckten Beinen. Das rechte Bein wird angewinkelt, der linke Fuß wird auf dem rechten Oberschenkel gesetzt und die Hände umgreifen das rechte Bein. Nun wird dieses Bein in Richtung Oberkörper gezogen. Die passiv-statische Position wird 30 Sekunden. Jede Seite wird drei Mal gedehnt. Die Pausen zwischen den Sätzen betragen 15 Sekunden.

2.1.10 Waden

Die Probandin steht im stabilen Stand vor einer Wand. Die Zehen sind zur Wand gerichtet, die Fersen berühren zu jederzeit der Übung den Boden. Die Arme werden nach vorne zur Wand gestreckt. Daraufhin werden die Arme gebeugt und somit die Dehnposition eingenommen. Die Arme erzeugen nun ein leichtes Wippen. Diese passiv-dynamische Stellung wird für 30 Sekunden eingehalten und anschließend für 15 Sekunden pausiert. Es werden drei Sätze absolviert.

2.2 Belastungsgefüge Beweglichkeitstraining

Durch die regelmäßigen Sporteinheiten der Probandin besteht eine gewisse Belastbarkeit und Vorerfahrung. Das regelmäßige Dehnen und Ausüben von unterschiedlichen koordinativen Bewegungen beim Fußballtraining sowie beim Kraftsport wird als positiver Aspekt betrachtet. Eine Trainingshäufigkeit von drei bis vier Mal wöchentlich ist sinnvoll, um die Beweglichkeit verbessern zu können (Rancour, Holmes & Cipriani, 2009). Der zeitliche Verfügungsrahmen der Testperson lässt diese Trainingshäufigkeit zu. Bei statischer und dynamischer Dehnung ist eine Dehndauer bis zu 45 Sekunden empfehlenswert (Schönthaler & Ohlendorf, 2002). Bei der Intensität des Dehnens reicht schon eine geringe Intensität aus, um optimale Effekte zu bewirken, somit liegt die Dehnintensität bei der Probandin bis zur Dehnschwelle (Walker 2014, S.43). Die Probandin führt das Beweglichkeitstraining an belastungsfreien Tagen durch, um bestimmte negative Effekte auf die Schnellkraft verhindern. Ein intensives statisches Dehnen vor sportlichen Belastungen, wie bei dem wöchentlichen Fußballtraining der

Probandin, kann kontraproduktiv für die optimale Leistungsentfaltung sein (Begert & Hillebrecht, 2003).

Tab. 3: Zusammenfassung des Belastungsgefüges

Trainingshäufigkeit pro Woche	3–4-mal
Sätze pro Übung	3
Dehndauer	30–45 Sekunden
Intensität	Dehnschwelle

2.3 Begründung zur Trainingsplanung für das Beweglichkeitstraining

Da weder ein Beweglichkeitsdefizit noch andere erkennbaren Einschränkungen bei der Testperson vorhanden sind, ist es sinnvoll eine Trainingsplanung anzuwenden, bei der alle wichtigen Hauptmuskelgruppen gleichermaßen berücksichtigt werden. In der Trainingsplanung werden Übungen gewählt, die die Probandin zeitlich und örtlich unabhängig sowie allein durchführen kann. Ein positiver Aspekt bei der aktiven Dehnung ist, dass die Dehnung durch eine Kontraktion der antagonistisch wirkenden Muskulatur erzielt wird und diese somit zu deren Kräftigung beiträgt. Um den Dehneffekt der anfänglichen aktiv-statischen Übung zu erhöhen, wird zudem eine aktiv-dynamische Methode integriert. Durch das wiederholte, kurzzeitige Einnehmen bei dynamischen Übungen, kann eine nahezu maximale Dehnposition und somit eine erhöhte Spannungsspitze erzeugt werden. Die dabei bemerkbaren Dehnungsspannungen stellen für die Muskulatur keine Gefahr dar (Wydra, Glück & Roemer, 1999). Da die Probandin eine ausgeprägte Körperempfindung durch ausreichende sportliche Aktivitäten besitzt, wird demnach kein erhöhtes Risiko einer Verletzung bei der Ausführung von dynamischen Übungen gesehen. Die Methode des postisometrischen Dehnens erfordert ebenfalls aufgrund der komplizierten Durchführung, etwas Erfahrung. Diese wurde jedoch in der Trainingsplanung berücksichtigt, da schon nach kurzer Dauer eine Verbesserung der Bewegungsreichweite zu beobachten ist (Wydra, 1997). Somit wird diese Methode in der Planung bei der Muskelgruppe des M. rectus femoris angewandt, da dieser beim Fußball spielen besonders zum Einsatz kommt, wenn man gegen den Ball tritt. Laut Dietrich, Berthold und Brenke (1985, S. 926) kann keine Dehnmethode aufgrund bestimmter Effekte bevorzugt werden, weshalb alle Dehnmethoden in der Trainingsplanung der Testperson berücksichtigt werden.

3 Trainingsplanung Koordinationstraining

3.1 Übungsauswahl Koordinationstraining

Der Schwerpunkt des Koordinationstrainings liegt auf der Stärkung des Gleichgewichts, welches einer der Trainingsmotive der Probandin ist.

Tab. 4: Übungsauswahl Koordinationstraining

Anzahl	Übungsauswahl	Arbeitsweise
1.	Einbeiniger Stand	statisch
	Im stabilen Stand stellt sich die Testperson sich auf ein Bein, während sich die Arme nah am Körper befinden. Diese statische Übung wird drei Mal à 15 Sekunden durchgeführt. Die Pausenzeit zwischen dem Wechsel der Seiten beträgt 20 Sekunden.	
2.	Einbeiniger Stand mit geschlossenen Augen	statisch
	Die Ausgangsposition ist wie bei der ersten Übung. Hinzu werden die Augen geschossen. Diese Übung wird versucht 15 Sekunden zu halten. Die Pausenzeit zwischen den zwei Sätzen pro Seite beträgt 20 Sekunden.	
3.	Beidbeiniger Stand auf einem Therapiekreisel	statisch
	Die Testperson stellt sich mit beiden Beinen auf den Therapiekreisel und hält diese Position für 40 Sekunden. Die	

	Pausenzeit zwischen den insgesamt drei Sätzen beträgt 45 Sekunden.	
4.	Beidbeiniger Stand auf einem Therapiekreisel mit geschlossenen Augen und leichter Störaktionen durch einen Partner	statisch
	Die Ausführung ist gleich der dritten Übung. Zusätzlich sind die Augen geschlossen und ein Partner gibt leichte Impulse an Schulter, Knie und Hüfte. Es werden zwei Sätze pro Seite mit jeweils 30 Sekunden durchgeführt. Die Pausen zwischen den Sätzen sind 30 Sekunden lang.	
5.	Einbeiniger Stand auf einem Therapiekreisel und Verlagerung des Körperschwerpunktes	dynamisch
	Die Ausgangsposition ist gleich der dritten und vierten Übung. Nun wird das Gewicht auf ein Bein verlagert und das andere Bein wird hinten angewinkelt, sodass der Einbeinstand erreicht wird. Nun wird der Oberkörper langsam kreisend nach rechts in Bewegung gebracht. Nach 5 kreisförmigen Ausführungen in 20 Sekunden wird eine Pause von 60 Sekunden absolviert. Insgesamt wird die Übung pro Richtung zwei Mal absolviert.	
6.	Einbeiniger Stand auf einem Therapiekreisel mit geschlossenen Augen und einem Ball als Störfaktor	dynamisch
	Die Probandin steht auf dem Therapiekreisel, stellt sich auf ein Bein und schließt die Augen. Danach wird der Ball oberhalb des Kopfes von Hand zu Hand übergeben. Dies wird 15-mal ausgeführt und anschließend eine Pause von 60 Sekunden gemacht. Es erfolgen zwei Sätze je Standbein.	
7.	Ausfallschritte mit TRX und Armbewegung	dynamisch
	Das Fußgelenk des rechten Beines wird am TRX befestigt und das linke Bein setzt einen Ausfallschritt nach vorne. In dieser Position werden die Arme nacheinander von der Mittellinie des Körpers nach außen auf Schulterhöhe bewegt und anschließend	

	wieder an den Körper geführt. In einem Satz wird jeder Arm fünf Mal gehoben und gesenkt. Nach einer Pause von 60 Sekunden wird der nächste Satz durchgeführt. Anschließend ein Beinwechsel und es werden zwei weitere Sätze absolviert.	
8.	Ausfallschritte einem Aero-Step und dem Kopf im Nacken Es wird ein Bein nach vorne auf den Aero-Step gesetzt und die Probandin legt ihren Kopf in den Nacken. Diese Übung wird 20 Sekunden gehalten. Pro Bein werden zwei Serien durchgeführt, während die Pausenzeit 45 Sekunden beträgt.	statisch
9.	Einbeiniger Stand auf einem Aero-Step und einem Flexi-Bar Die Testperson steht auf einem Aero-Step, stellt sich auf ein Bein und hält den Flexi-Bar horizontal vor dem Oberkörper mit leicht gebeugten Armen. Der Flexi-Bar wird für 30 Sekunden geschwungen und anschließend eine Pause von 30 Sekunden gemacht. Danach wird das Bein gewechselt. Pro Bein wird dies zwei Mal durchgeführt.	dynamisch
10.	Einbeiniger Stand auf einem Aero-Step mit geschlossenen Augen und Veränderung der Körperlage Die Ausgangsposition ist der Stand auf dem Aero-Step. Das rechte Bein wird nach hinten ausgestreckt. Die Augen werden geschlossen. Nun wird der Oberkörper langsam kreisend nach rechts in Bewegung gebracht. Nach 5 kreisförmigen Ausführungen wird eine Pause von 45 Sekunden absolviert. Anschließend wird das Standbein gewechselt. Es werden pro Bein zwei Serien durchgeführt.	dynamisch

3.2 Belastungsgefüge Koordinationstraining

Das Belastungsgefüge in der Tabelle 11 orientiert sich nach den Auffassungen von Chwilkowski (2006) und Häfelinger & Schuba (2007).

Tab. 5: Belastungsgefüge Koordinationstraining

Trainingshäufigkeit pro Woche	3–4-mal pro Woche
Sätze pro Übung	2-4 Sätze
Satzpausen	30-60 Sekunden
Belastungsdauer	5-15 Sekunden (statisch) 5-15 Wiederholungen (dynamisch)

3.3 Begründung zur Trainingsplanung für das Koordinationstraining

Da es keine Indizien für ein Defizit der Gleichgewichtsfähigkeit der Probandin gibt, wird ein allumfassendes Gleichgewichtstraining erstellt. Die methodischen Maßnahmen in der Trainingsplanung orientieren sich an der Progression der Belastungssteigerung nach Chwilkowski (2006, S. 56–58). Demnach wird zu Beginn mit statischen Stabilisationsübungen auf einer festen Ebene begonnen und anschließend durch die Verminderung der visuellen Wahrnehmung erschwert. Die Haltedauer sollte bei statischen Ausführungen zischen 5-60 Sekunden betragen (Chwilkowski, 2006, 60 ff; Häfelinger & Schuba, 2007, S. 61). Nach der dritten Übung, bei der sich die Probandin langsam an die erhöhten Anforderungen gewöhnt hat, folgen dynamische Übungen, um den Schwierigkeitsgrad weiter zu erhöhen. Die Wiederholungszahl bei dynamischen Übungen sollte zwischen 5 und 30 Wiederholungen liegen. (Chwilkowski, 2006, 60 ff; Häfelinger & Schuba, 2007, S. 61). Fortfolgend werden in den Übungen bestimmte Störaktionen, wie ein Partner oder die Benutzung eines Balls, eingebracht, um die Steigerung der Belastung fortzuführen.

4 Literaturrecherche

In der folgenden Literaturrecherche werden zwei Studien zum Thema Effekte des Dehnens im Hinblick auf die Prävention von Verletzungen vorgestellt.

Tab. 6: Dokumentation der ersten Studie

Wer führte die Studie durch?	Pope, Herbert, Kirwan, Graham
Publikationsjahr	2000
Forschungsfrage	Welche Wirkung hat die Muskeldehnung während des Aufwärmens auf das Risiko von Sportverletzungen?
Versuchspersonen	1538 Armeerekruten
Versuchsaufbau	Die Versuchspersonen wurden nach dem Zufallsprinzip einer Dehnungs- oder Kontrollgruppe zugeteilt. Während der anschließenden 12-wöchigen Ausbildung führten beide Gruppen aktive Aufwärmübungen vor den körperlichen Trainingseinheiten durch. Zusätzlich führte die Dehnungsgruppe bei jedem Aufwärmprogramm unter Aufsicht eine 20-sekündige statische Dehnung für jede der sechs großen Beinmuskelgruppen durch. Die Kontrollgruppe führte keine Dehnübungen durch.
Ergebnisse	Während des Trainingszeitraums wurden 333 Verletzungen der unteren Gliedmaßen registriert, darunter 214 Weichteilverletzungen. In der Dehngruppe gab es 158 Verletzungen, in der Kontrollgruppe 175. Es gab keine signifikante Auswirkung des Dehnens vor der Übung auf das Gesamtverletzungsrisiko, das Weichteilverletzungsrisiko oder das

Schlussfolgerung	Knochenverletzungsrisiko. Fitness, Alter und Einberufungsdatum sagten das Verletzungsrisiko signifikant voraus, nicht aber Größe, Gewicht und Body-Mass-Index. Ein typisches Muskeldehnungsprotokoll, das während des Aufwärmens vor dem Training durchgeführt wird, führt nicht zu einer klinisch bedeutsamen Verringerung des Verletzungsrisikos bei Rekruten der Armee.

Tab. 7: Dokumentation der zweiten Studie

Wer führte die Studie durch?	Masatoshi Amako, Takaaki Oda, Kazunori Masuoka, Hiromichi Yokoi, Paolo Campisi
Publikationsjahr	2003
Forschungsfrage	Kann statisches Dehnen trainingsbedingte Verletzungen verhindern?
Versuchspersonen	901 Rekruten
Versuchsaufbau	Die Versuchspersonen wurden in zwei Gruppen aufgeteilt. Davon wurden 518 Rekruten der Dehnungsgruppe zugewiesen und übten statisches Dehnen vor und nach jeder körperlichen Trainingseinheit. Die Kontrollpersonen (383 Rekruten in der Gruppe ohne Dehnung) führten vor dem Training kein statisches Dehnen durch. Das statische Dehnen bestand aus 18 Übungen. Es wurden Verletzungsdaten gesammelt und

Ergebnisse	die Häufigkeit sowie der Ort der Verletzungen bewertet. Die Gesamtzahl der Verletzungen war in beiden Gruppen fast gleich hoch; die Häufigkeit von Muskel-/Sehnenverletzungen und Schmerzen im unteren Rückenbereich war in der Dehnungsgruppe jedoch deutlich geringer.
Schlussfolgerung	Das statische Dehnen verringerte die Häufigkeit von Muskelverletzungen, verhinderte aber keine Knochen- oder Gelenkverletzungen.

5 Literaturverzeichnis

Amako M, Oda T, Masuoka K, Yokoi H, Campisi P. (2003). *Effect of static stretching on prevention of injuries for military recruits.* Mil Med.

Begert, B. & Hillebrecht, M. (2003). Einfluss unterschiedlicher Dehntechniken auf die reaktive Leistungsfähigkeit. *Spectrum der Sportwissenschaften, 15* (1), 6–25

Chwilkowski, C. (2006). *Medizinisches Koordinationstraining – Verbesserung der Haltungs- und Bewegungskoordination durch Propriozeption* (2. Aufl.). Köln: Deutscher Trainer Verlag.

Dietrich, L., Berthold, F. & Brenke, F. (1985). Muskeldehnung – eine wichtige trainings- methodische Maßnahme. *Theorie und Praxis der Körperkultur, 34,* 922–930.

Häfelinger, U. & Schuba, V. (2007). *Koordinationstherapie - propriozeptives Training* (Wo Sport Spaß macht, 3., überarb. Aufl.). Aachen: Meyer & Meyer.

Pope RP, Herbert RD, Kirwan JD, Graham BJ. (2000). *A randomized trial of preexercise stretching for prevention of lower-limb injury.* Med Sci Sports Exerc.

Rancour, J., Holmes, C. F. & Cipriani, D. J. (2009). The effects of intermittent stretching following a 4-week static stretching protocol: a randomized trial. *Journal of strength and conditioning research / National Strength & Conditioning Association, 23* (8), 2217–2222.

Schönthaler, S. R. & Ohlendorf, K. (2002). *Biomechanische und neurophysiologische Veränderungen nach ein- und mehrfach seriellem passiv-statischem Beweglichkeitstraining* (Wissenschaftliche Berichte und Materialien/ Bundesinstitut für Sportwissenschaft, 1. Aufl.). Köln: Sport und Buch Strauß.

Walker, B. (2014). *Anatomie des Stretchings. Mit der richtigen Dehnung zu mehr Beweglichkeit* (1., erw. und überarb. Aufl.). München: Riva.

Wydra, G. (1997). Stretching - ein Überblick über den aktuellen Stand der Forschung. *Sportwissenschaft, 27,* 409–427.

Wydra, G., Glück, S. & Roemer, K. (1999). Kurzfristige Effekte verschiedener singulärer Muskeldehnungen. *Deutsche Zeitschrift für Sportmedizin, 50 (1),* 10–16

6 Tabellenverzeichnis

Tab. 1: Personendaten..2
Tab. 2: Übungsauswahl und Dehnmethoden Beweglichkeitstraining................3
Tab. 3: Zusammenfassung des Belastungsgefüges...8
Tab. 4: Übungsauswahl Koordinationstraining..9
Tab. 5: Belastungsgefüge Koordinationstraining..11
Tab. 6: Dokumentation der ersten Studie...13
Tab. 7: Dokumentation der zweiten Studie..14